MOIS
DE MARIE
EN MUSIQUE

DES MÊMES AUTEURS

MOI SDE MARIE EN MUSIQUE, les paroles et la
musique . . . . 3 fr.

CANTIQUES POUR LES PAROISSES ET LES CATÉ-
CHISMES, avec approbation de Mgr l'évêque
de Saint-Brieuc, paroles et musique . 3 fr.

— Paroles seules . . . . 30 c.

CANTIQUES POUR LES PRINCIPALES FÊTES DE
L'ANNÉE, les paroles et la musique . . 3 fr.

— Paroles seules . . . . 30 c.

CANTIQUES AU SAINT-SACREMENT, les paroles
et la musique . . . . 3 fr.

— Paroles seules . . . . 30 c.

Troyes, imp. et stér. de G. Bertrand.

MOIS
DE MARIE

EN MUSIQUE

NOUVEAUX CHANTS PIEUX

EN L'HONNEUR DE LA SAINTE VIERGE

A DEUX OU PLUSIEURS VOIX

PAROLES DE M. DE BLANCHE

PARIS

NOUVELLE LIBRAIRIE CATHOLIQUE

VICTOR SARLIT, LIBRAIRE-ÉDITEUR

RUE SAINT-SULPICE, 25

1862

A LA REINE DES ANGES

A la Reine des Anges,
Offrez, jeunes enfants,
Un tribut de louanges
Dès l'aube de vos ans.

Ne cessez, sur la terre,
D'implorer son secours.
Enfants, vers votre mère,
Ah ! revenez toujours.

Quand, depuis ma naissance,
Vous m'avez défendu,
De ma reconnaissance
Le tribut vous est dû.
Ne cessez, etc.

Ce beau feu qui nous presse
Est le faible retour
Qu'offre à votre tendresse
Un filial amour.
Ne cessez, etc.

Dans la sainte patrie,
Puissions-nous vous bénir !
De plus en plus, Marie,
Puissions-nous vous chérir !

Ne cessons, sur la terre,
D'implorer son secours.
Enfants, vers notre mère,
Ah ! revenons toujours.

N° 2

AU SAINT-ESPRIT

Esprit divin, vous comblâtes Marie
Des plus parfaits de tous vos dons.
Au nom d'une mère chérie,
Ces dons nous vous les demandons.

Embrasez nos âmes
De vos vives flammes ;
Consumez nos cœurs
De vos saintes ardeurs.

Esprit divin, d'une aussi bonne mère
Rendez-nous les dignes enfants,
Et faites-nous, sur cette terre,
Couler des jours purs, innocents.
Embrasez, etc.

Daignez bénir les enfants de Marie ;
Parez leurs âmes de vertus,
Et que cette mère chérie
Offre leurs cœurs au bon Jésus.

Embrasez, etc.

N° 3

SALUT, BEAU MOIS D'ESPÉRANCE

Salut, beau mois d'espérance
Où l'on voit tout reverdir.
En ce mois, fleur d'innocence
Doit naître, en nous doit fleurir.

Dans la nature attendrie,
Lorsque tout aime à chanter,
O mois charmant, mois de Marie,
Un chrétien doit te fêter.

De la ferveur l'allégresse
Déjà s'exhale en tout lieu,
Et la terre dit sans cesse :
Gloire à la mère de Dieu !
Dans la nature, etc.

Inaugurons cette fête
Par les plus tendres accords,
Et qu'en ce jour rien n'arrête
L'élan de nos doux transports.
Dans la nature, etc.

Tous, efforçons-nous de plaire
A notre aimable Jésus,
En célébrant de sa mère
Les admirables vertus.
Dans la nature, etc.

Dans la céleste patrie,
Unis aux chœurs des élus,
Puissions-nous, Vierge Marie,
Avec vous bénir Jésus.
Dans la nature, etc.

Nº 4

ÉTOILE DU MATIN

Étoile du matin,
De l'aube de ma vie
Sois l'étoile chérie,
O Marie, ô Marie !

Pendant la nuit, aux cieux
Te contemplent mes yeux ;
Tu devances l'aurore,
Et tu brilles encore
A l'horizon vermeil,
Quand paraît le soleil.

Doux astre protecteur,
Que ta vive splendeur,
Du haut des cieux m'envoie,
Pour éclairer ma voie,
Des rayons dont l'ardeur
Pénètre dans mon cœur.
Étoile, etc.

Que, dirigés par toi,
Tous marchent sans effroi

Dans cette voie étroite,
Facile à l'âme droite,
Qui mène à Jésus-Christ
Tout cœur humble et contrit.
Étoile, etc.

Nous luttons ici-bas
Dans d'incessants combats,
Sans un seul jour de trêve,
Lorsque vers toi j'élève
Dès le matin les yeux,
Ah ! pour moi brille aux cieux.
Étoile, etc.

Ne m'abandonne pas
Au jour de mon trépas ;
A cette heure dernière,
Que ta douce lumière,
Astre mystérieux,
Guide mon âme aux cieux.
Étoile, etc.

N° 5

SALUT, REINE DES ANGES

Du Très-Haut messagers fidèles,
Ornez les célestes parvis;
Ouvrez les portes éternelles,
C'est jour de fête au Paradis.

Marie est ravie à la terre,
Elle s'élève dans les cieux;
Jésus-Christ destine à sa mère
Des trônes le plus glorieux.

Salut, Reine des Anges,
Doux espoir des élus,
Accueillez nos louanges,
O mère de Jésus.
Marie est ravie, etc.

En Marie, un Dieu bon couronne
Les plus admirables vertus.
La splendeur dont il l'environne
Charme les regards des élus.
Marie est ravie, etc.

De vos enfants, Vierge Marie,
Souvenez-vous, défendez-les;
Que, dans la céleste patrie,
Ils vous bénissent à jamais.
Marie est ravie, etc.

N° 6

C'EST A MA REINE

C'est à ma Reine
Que, dans ma peine,
J'aurai recours
Toujours, toujours.
Dans la tourmente,
Vierge clémente,
Vers vous j'accours
Toujours, toujours.

Votre assistance,
Dans ma souffrance,
Est mon secours,
Toujours, toujours.
Dans sa tendresse,
Dieu d'allégresse,
Comble mes jours,
Toujours, toujours.

Près d'une mère
Que l'on révère,

Quel saint concours,
Toujours, toujours.
Du plus beau zèle,
Durez près d'elle,
Instants si courts,
Toujours, toujours.

Le chœur des Anges
Dit vos louanges
Au saint séjour,
Toujours, toujours,
A vous, Marie,
Mère chérie,
Tout notre amour,
Toujours, toujours.

N° 7

REINE DES CIEUX

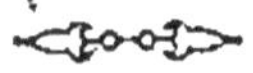

Reine des cieux, toi dont l'auguste empire
S'étend partout où l'on aime Jésus,
Fais pour Jésus qu'ici tout cœur respire
De cet amour dont brûlent les élus.

Quand tes enfants célèbrent les louanges
Du Dieu fait homme, inspire leurs accents,
Rends nos cœurs purs comme les cœurs des An-
Pour que Jésus daigne agréer nos chants. [ges,

Reine des cieux, toujours clémente et bonne,
Vois à tes pieds de coupables pécheurs,
Présente à Dieu nos vœux, pour qu'il nous donne
Le repentir qui transforme les cœurs.
Quand tes enfants, etc.

Reine des cieux, modeste créature,
Que l'Éternel éleva jusqu'à lui,
Mère de Dieu, Vierge sainte et très-pure,
Près de Jésus, sois notre ferme appui.
Quand tes enfants, etc.

Reine des cieux, sois Reine de la terre ;
Reine des cieux, sois la Reine des cœurs ;
Reine des cieux, sois de plus notre mère,
O toi qui vois l'excès de nos douleurs.
Quand tes enfants, etc.

Reine des cieux, dans la sainte patrie,
Comme en ces lieux, puissions-nous réunis,
Dans nos concerts, Mère tendre et chérie,
Tous à l'envi bénir ton divin Fils.
Quand tes enfants, etc.

N° 8

REINE DES ANGES

Reine des Anges,
Que tes louanges,
Formant un chœur
De pur bonheur.
De sphère en sphère,
Loin de la terre,
Concerts joyeux
Montent aux cieux.

Sainte patronne
Pour nous si bonne,
De tes bienfaits,
A tout jamais
Que la mémoire
Dise la gloire
Qu'un Dieu puissant
Sur toi répand.

Nom de Marie,
Ton harmonie

Présente au cœur
Tant de douceur
Que l'âme pure
Sans fin murmure
Ce nom béni,
Ce nom chéri.

Sers de défense
A l'innocence,
Nom protecteur,
Dès qu'un pécheur
Contrit t'implore,
Dieu qui t'honore,
Daigne accueillir
Son repentir.

Vierge clémente,
En nous augmente
Ce don de foi
Que grâce à toi
Vierge fidèle,
Dieu nous appelle,
En ses desseins
Avec les saints.

En nous efface
Jusqu'à la trace
Du moindre mal,
Qu'au jour fatal,
Dieu nous accorde
Miséricorde,
Puis à jamais
Repos et paix.

N° 9

MOIS SI CHER A L'INNOCENCE

Mois si cher à l'innocence,
Que tu tardais à venir ;
Tu dois, mois plein d'espérance,
A Marie appartenir.

Au gai printemps, la prairie
Nous donne de fraîches fleurs,
Pour les offrir à Marie
La douce Reine des cœurs.

Jésus bénit sur la terre
Ceux qui viennent chaque jour
Combler sa très-sainte Mère
De tendres preuves d'amour.
Au gai printemps, etc.

Jésus accorde ses grâces
A ceux qui vous sont dévots,
O Marie ! et des disgrâces
Il écarte les fléaux.
Au gai printemps, etc.

Qu'à Marie il appartienne,
Ce mois de tous le plus beau;
Qu'en ce mois l'âme chrétienne
Déploie un zèle nouveau.
Au gai printemps, etc.

Sur les pas de notre Mère,
Pendant le plus beau des mois,
Tous montons sur le Calvaire
Afin d'adorer la croix.
Au gai printemps, etc.

Daignez garder l'innocence
De ceux qui mettent en vous
Leur parfaite confiance,
Vierge qui priez pour nous.
Au gai printemps, etc.

N° 10
O TRÈS-DOUCE NOTRE-DAME

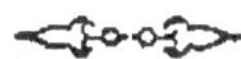

O très-douce Notre-Dame,
Aimable Reine des cieux,
C'est vous que l'amour proclame
Seule Reine de ces lieux.

Dans notre reconnaissance,
Nous chantons, pauvres pécheurs,
Notre-Dame d'Espérance
Vivez, régnez dans nos cœurs.

Vivez, régnez dans nos âmes,
Afin que le Saint-Esprit
Les éclaire de ses flammes
Pour l'amour de Jésus-Christ.
Dans notre, etc.

Si nous répandons des larmes
C'est que parfois le ciel noir,
Cache au fort de nos alarmes
L'astre d'où vient notre espoir.
Dans notre, etc.

Que cet astre tutélaire
A jamais charme nos yeux,
Qu'il nous guide sur la terre
Pour nous mener tous au cieux.
Dans notre, etc.

N° 11

CÉLÉBRONS UN JOUR SI PROSPÈRE

Célébrons un jour si prospère
Pour tous s'ouvre un jour de bonheur ;
Nous allons fêter une Mère,
A l'envi redisons en chœur :

Gloire à Marie, gloire à Marie,
Qu'à jamais elle soit bénie,
Gloire à la Mère du Sauveur !

Qu'ici tout prenne un air de fête,
Entourons son autel de fleurs,
Et que rien en ce jour n'arrête
Les transports, l'élan de nos cœurs.
Gloire à Marie, etc.

Purifions toute souillure
Qui pourrait flétrir notre cœur ;
Prenons à l'envi pour parure
La modestie et la candeur.
Gloire à Marie, etc.

Vous imiter est notre étude,
Vierge, modèle de douceur,
Comme notre béatitude
Sera de chérir le Sauveur.
Gloire à Marie, etc.

Que ce jour où tout rend hommage,
O Marie ! à votre grandeur,
Devienne pour nous le présage
Du jour d'éternelle splendeur.
Gloire à Marie, etc.

Nº 12

NOUS VENONS, BONNE MÈRE

Nous venons, bonne Mère,
Contrits, humiliés,
Nous prosterner à terre
Et gémir à vos pieds.

Sainte Vierge Marie,
Refuge des pécheurs,
Quand un pécheur vous prie,
Soulagez ses douleurs.

A quel point est navrante,
Ta blessure, ô mon cœur!
Elle est toujours saignante,
Trop juste objet d'horreur.
Sainte Vierge, etc.

Mon cœur, qu'il t'en souvienne
De ta fragilité ;
Qu'au moins il t'en revienne
Un peu d'humilité.
Sainte Vierge, etc.

Sans Jésus, sans Marie,
Dis, que deviendrais-tu,
Cœur privé d'énergie,
Dépourvu de vertu?
Sainte Vierge, etc.

Sans Dieu, dont la clémence
Daigna briser mes fers,
Je serais, ô souffrance,
A brûler aux enfers.
Sainte Vierge, etc.

Lorsque Dieu me délivre
De l'éternelle mort,
Pour lui seul je dois vivre,
Je redouble d'effort.
Sainte Vierge, etc.

PRÈS DE VOUS, VIERGE SAINTE

Près de vous, Vierge sainte,
Tous les cœurs désolés,
Viennent en cette enceinte
Par la grâce appelés.

Tous disent avec larmes,
O Mère du Sauveur,
Vous voyez nos alarmes,
Calmez notre douleur.

Ici l'âme innocente
Tremble pour l'avenir,
Et l'âme pénitente
Pleure au seul souvenir.
Tous disent, etc.

Ici l'âme, qui cède
A l'excès de ses maux,
Vous appelle à son aide
Et se brise en sanglots.
Tous disent, etc.

Que de douleurs amères
Pour d'autres Augustins,
Vos larmes, tendres mères
Produisent les grands saints.
Tous disent, etc.

Les vierges suppliantes
Conjurent l'Eternel,
Et leurs mains innocentes
Ornent le saint autel.
Tous disent, etc.

Ici la grâce abonde,
De sa source elle sort
Pour préserver le monde
D'une imminente mort.
Tous disent, etc.

Sainte Vierge Marie,
Quand vos fils exilés
Dans la sainte patrie,
Seront-ils appelés?
Tous disent, etc.

N° 14
A L'AUTEL D'UNE MÈRE

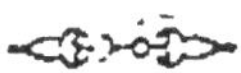

A l'autel d'une Mère,
Venez, heureux enfants,
Apportez pour lui plaire
Des cœurs purs, innocents.
Pour chanter vos louanges,
O Marie, en ce jour,
Avec la voix des Anges,
Donnez-nous leur amour.

Daignez, Vierge clémente,
Des saints et des élus,
Avec la voix touchante
Nous donner les vertus.
Pour chanter, etc.

La voix de l'innocence,
Qui prie et qui gémit,
O Reine de clémence,
Aisément vous fléchit.
Pour chanter, etc.

Une brûlante larme,
Un regret du pécheur,
Un soupir vous désarme,
O Mère du Sauveur.
Pour chanter, etc.

Dans la sainte patrie,
Le peuple qui vous sert,
Pour vous bénir, Marie,
Ne fera qu'un concert.
Pour chanter, etc.

Nº 15

IL BRILLE, CE JOUR D'ALLÉGRESSE

Il brille, ce jour d'allégresse,
Ce jour si longtemps attendu;
L'hommage de notre tendresse,
Sainte Vierge, vous était dû.

Doux chants de la reconnaissance,
Vers le ciel prenez votre essor,
O Notre-Dame d'Espérance,
Recevez la couronne d'or.

A cette auguste et sainte image
Le Pasteur de tous les pasteurs,
Accorde comme un juste hommage
Le plus grand de tous les honneurs.
Doux chants, ete.

Votre gloire est pure et sans tache,
Du péché loin de vous l'affront.
Dieu veut qu'aucune ombre ne tache
De sa Mère l'auguste front.
Doux chants, etc.

De Marie, aimable modèle,
Imitons les douces vertus,
Soyons des enfants dignes d'elle,
Des enfants dignes de Jésus.
Doux chants, etc.

Nº 16

CHRÉTIENS,

CONTEMPLONS LE MODÈLE

Chrétiens, contemplons le modèle
Des plus admirables vertus.
Honneur à toi, Vierge fidèle,
Tendre Mère de mon Jésus.

Nous éprouvons la sainte envie
D'imiter tes humbles vertus;
Il faut ressembler à Marie,
Lorsque l'on veut plaire à Jésus.

Marie a montré sur la terre
L'exemple de l'humilité,
L'humilité vraie et sincère
Qui se plaît dans l'obscurité.
Nous éprouvons, etc.

De son Dieu, Marie, en partage,
Avait reçu les dons du cœur,
La beauté de la femme sage,
Une inaltérable douceur.
Nous éprouvons, etc.

La foi, dans Marie agissante,
Produisit des fruits savoureux;
De son amour, la lampe ardente
Éclaira la nuit de ses feux.
Nous éprouvons, etc.

Vous avez, Marie, au Calvaire,
Suivi votre adorable Fils.
Suivons le Fils, suivons la Mère,
Pour arriver au paradis.
Nous éprouvons, etc.

N° 17

PRIEZ POUR NOUS

Priez pour nous, Vierge Marie,
L'Église, en butte à mille coups,
Avec gémissement vous crie :
Sainte Vierge, priez pour nous.

Priez pour nous, ce cri sans cesse
Ne cessera de retentir;
Car c'est celui que vous adresse
Chaque jour l'humble repentir.

Priez pour ceux qui, dans la peine,
Consomment de pénibles jours,
Des maux de la nature humaine,
Rendez léger le poid si lourd.
Priez pour nous, etc.

Priez pour la timide enfance,
Objet de vos soins maternels,
Préservez la tendre innocence,
Du contact des cœurs criminels.
Priez pour nous, etc.

A l'âge mûr donnez la force ;
Que l'homme ferme et résolu,
Pour obéir à Dieu s'efforce
De s'élever à la vertu.
Priez pour nous, etc.

N° 18
LE JOUR FINIT, VIERGE MARIE

Le jour finit, Vierge Marie,
Vers toi nous élevons les yeux,
Sous la voûte immense, infinie,
Contemplant la Reine des cieux,

    Afin de plaire
    A notre Mère,
A Jésus, au déclin du jour,
Chantons tous un hymne d'amour.

Nous avons mis notre espérance,
Sainte Vierge, dans votre appui,
Le cœur rempli de confiance,
Nous vous invoquons aujourd'hui.
    Afin de plaire, etc.

A l'heure où le chrétien sommeille,
Pour le préserver du danger,
Que votre grâce sur lui veille,
Daignez alors le protéger.
    Afin de plaire, etc.

La fin du jour, de l'existence
Rappelle les derniers instants ;
Puissiez-vous, Reine de clémence,
Consoler nos derniers moments.
Afin de plaire, etc.

N° 19

CHRÉTIENS, AU SAINT SÉJOUR

Chrétiens, au saint séjour,
Et non pas sur la terre,
Cherchons nos chants d'amour,
Pour louer notre Mère.

Séraphins glorieux,
Phalange des saints Anges,
De la Reine des cieux,
Célébrez les louanges.

Ah ! c'est du fond du cœur,
Qu'au ciel montent sans cesse,
Pour bénir le Seigneur,
Nos concerts d'allégresse.
Séraphins, etc.

O Reine des vertus,
Pour chanter ta puissance,
Soyons tous revêtus
De candeur, d'innocence.
Séraphins, etc.

De grâce dépouillés,
Nous devrions nous taire,
Par le crime souillés,
Nous ne pouvons te plaire.
Séraphins, etc.

Nº 20
O VIERGE COMPATISSANTE

O Vierge compatissante
Aux plus navrantes douleurs,
Vierge douce et très-clémente,
Soyez sensible à nos pleurs.

Nous vous prions pour les âmes
De nos frères malheureux.
Ils gémissent dans les flammes,
Sainte Vierge, priez pour eux;

L'Église les recommande,
Sainte Vierge, à vos bons soins.
Chaque jour la sainte offrande
Vient soulager leurs besoins.
Nous vous prions, etc.

La plus légère souillure,
Seigneur, offense vos yeux.
Qu'il faut qu'une âme soit pure,
Pour pénétrer dans les cieux
Nous vous prions, etc.

Que des chrétiens le suffrage
Profite à vos serviteurs ;
Que leur mort soit un passage
Vers la paix de jours meilleurs,
Nous vous prions, etc.

Que votre main les délivre,
De l'ardeur d'un feu cruel,
Et qu'ils puissent enfin vivre
Dans le repos éternel.
Nous vous prions, etc.

N° 21

AH! SI JAMAIS VOTRE TENDRESSE

Ah ! si jamais votre tendresse
Pouvait s'épuiser, s'affaiblir,
Non, ce ne serait point pour l'âme pécheresse
Livrée au repentir.

Quand un enfant gémit et pleure,
Sa mère ne résiste pas ;
Aussi bien Marie, à toute heure,
Pécheur, t'ouvre ses bras.

Votre amour persévérant veille
Le jour, la nuit, sur votre enfant ;
Le jour quand je gémis, la nuit quand je som-
Ma mère me défend.   [meille,
Quand un enfant gémit et pleure, etc.

C'est au fort de la maladie,
Alors qu'il souffre, qu'il languit,
Que cet amour touchant redouble d'énergie,
Pour le pécheur grandit.
Quand un enfant, etc.

C'est à l'heure de l'agonie,
Quand un instant fixe son sort,
Qu'afin de le sauver vous venez, ô Marie,
L'assister à la mort.
Quand un enfant, etc.

N° 22

VIERGE MARIE, O BONNE MÈRE

Vierge Marie, ô bonne mère,
Vos enfants voudraient, en ce jour,
Vous aimer déjà sur la terre
Comme on aime au divin séjour.

Vous chérir d'un ardeur sincère
Et du plus parfait des amours,
Comme on aime une tendre mère,
Toujours, toujours ; oui, pour toujours.

L'amour d'une mère chérie
Fait ici-bas notre bonheur ;
Il vient répandre sur la vie
Un calme rempli de douceur.
Nous vous aimons, etc.

Cette heureuse et sainte journée,
De votre Fils c'est le désir,
Par vos enfants est destinée
A vous louer, à vous bénir.
Nous vous aimons, etc.

Avec le jour qui vient d'éclore,
Nos chants d'amour montent vers vous
Le soir nous invoquons encore
Un nom que nous chérissons tous.
Nous vous aimons, etc.

N° 23

QUE NOTRE CHANT D'ALLÉGRESSE

Que notre chant d'allégresse,
Solennisant ce beau jour,
Exprime notre tendresse
Dans un doux concert d'amour.
C'est la fête de Marie,
De notre Reine chérie;
Nous célébrons vos grandeurs,
Bonne mère,
Pour vous plaire,
Et nous vous offrons nos cœurs.

Nous n'avons rien, sur la terre,
De plus doux à vous offrir
Que l'amour pur et sincère
De cœurs faits pour vous chérir.
C'est la fête, etc.

Chaque jour de notre vie
Est de vos bienfaits semé,
Et d'une voix attendrie
Nous disons ce chant aimé.
C'est la fête, etc.

Notre voix avec l'aurore
Commence ce chant si doux ;
Nous le redisons encore
Le soir, priant à genoux.
C'est la fête, etc.

N° 24

VIERGE SAINTE, O TENDRE MÈRE

Vierge sainte, ô tendre mère
De mon aimable Sauveur,
Daignez contre sa colère
Protéger un vil pécheur.
Quand des feux de sa vengeance,
L'Éternel arme son bras,

Notre-Dame d'Espérance
Ne nous abandonnez pas.

Nos péchés ont sur nos têtes
Amoncelé de longtemps
Les orages, les tempêtes,
Les trop justes châtiments.
Quand d'un excès de clémence
Le ciel paraît être las,
Notre-Dame, etc.

Que cette triste vallée
Est abondante en douleurs,
Et qu'elle est bien appelée
Le triste séjour des pleurs !

Quelle guerre à toute outrance,
Combien d'horribles combats.
Notre-Dame, etc.

Le chrétien qui dans Marie
A mis son constant espoir,
Chaque jour se fortifie
Dans la règle du devoir.
Par un sentier d'innocence,
Vers le ciel guidez nos pas.
Notre-Dame, etc.

Au terme de la carrière
Qui nous reste à parcourir,
Puisse, à cette heure dernière,
Le ciel devant nous s'ouvrir.
Prêtez-nous votre assistance,
Daignez nous ouvrir vos bras.
Notre-Dame, etc.

N° 25

POUR QUE TOUT VOUS BÉNISSE

Pour que tout vous bénisse,
Votre Fils à jamais
Vous fit dispensatrice
De ses nombreux bienfaits.

Grande est votre puissance,
Reine de ce séjour.
Dieu la voulut immense,
Ainsi que son amour.

Dieu voulut que sa mère,
Sans cesse à pleines mains,
Prodiguât sur la terre
Ses grâces aux humains.
Grande, etc.

Marie, en nos disgrâces,
Est notre asile à tous ;
C'est le canal des grâces
Qui découlent sur nous.
Grande, etc.

O très-sainte avocate,
Que par mille bienfaits
Votre pouvoir éclate
Sur nous tous à jamais.
Grande, etc.

Que ce lieu, d'âge en âge,
Vous reste consacré,
Et qu'ici tout propage
Un culte vénéré.
Grande, etc.

De grâces sans pareilles
Les marbres, sur ces murs,
Attestent les merveilles
En signes non obscurs.
Grande, etc.

Sainte Vierge Marie,
Nous promettons toujours,
Dans l'exil de la vie,
D'avoir à vous recours.
Grande, etc.

Sainte Vierge Marie,
Prenez soin de nos jours ;
A l'heure d'agonie,

Soyez notre secours.
Grande, etc.

Sainte Vierge Marie,
Nous espérons un jour,
D'une voix attendrie,
Redire au saint séjour :
Grande, etc.

N° 26

VENEZ, VOUS QUI VIVEZ
AU MILIEU DES ALARMES

Venez, vous qui vivez au milieu des alarmes,
Vous tous qui gémissez, vous qui versez des
[larmes,
Vers Marie accourez le cœur rempli d'espoir.
N'a-t-elle pas en main tout crédit, tout pouvoir?
    C'est l'auxiliatrice
    Des chrétiens en danger;
    C'est la consolatrice
    De tous les affligés.

De cet autel auguste, approchez, jeune mère,
Priez pour un enfant dont l'existence est chère.
    Vers Marie, etc.

A cet autel, venez, pieuse et tendre fille,
Priez pour la santé du père de famille.
    Vers Marie, etc.

Venez à cet autel, pure vierge chrétienne,
Et que d'un frère absent votre cœur se sou-
    Vers Marie, etc.   [vienne.

Priez pour un époux, douce et fervente épouse,
Du bonheur éternel pour lui soyez jalouse.
    Vers Marie, etc.

Il faut ici prier pour tous ceux que l'on aime ;
Il faut ici prier pour son ennemi même.
    Vers Marie, etc.

Il faut prier, Jésus entend celui qui prie,
Et qui l'invoque au nom d'une Mère chérie.
    Vers Marie, etc.

N° 27

AVANT QU'ILS NE FINISSENT

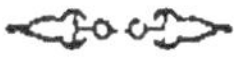

Avant qu'ils ne finissent
Les jours de vrais bonheurs,
Que mille voix bénissent
La Reine de nos cœurs.

Mon Jésus, pour vous plaire,
Nous avons chaque jour
Offert à votre Mère
Un doux tribut d'amour.

Nous reviendrons sans cesse
Puiser en votre cœur,
Cette vive tendresse
Qui fait notre bonheur.
Avant, etc.

Que dans la confrérie
Des vrais enfants de Dieu
L'on vous rende, ô Marie,
Gloire, honneur en tous lieux.
Avant, etc.

Plaçons notre espérance
En ces saints étendards
Qui servent de défense
Aux enfants, aux vieillards.
Avant, etc.

Du couchant à l'aurore,
De l'aurore au couchant,
Que tout redise encore
Ce refrain si touchant :
Avant, etc.

N° 28

LOIN DE LA TERRE

UNE INDIGNE TRISTESSE

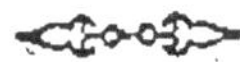

Loin de la terre une indigne tristesse ;
Lorsque les cieux frémissent d'allégresse,
Faisons, chrétiens, retentir nos accords,
Echo lointain des célestes transports.
La mort ne peut, dans ses funèbres langes,
Vous enchaîner, ô Reine des Archanges,
Même au plus fort de ses rêves étranges
Pour vous bénir, le monde a des louanges ;

Tous célébrons, dans nos concerts joyeux,
Le nom si doux d'une Mère chérie,
En ce beau jour, Dieu proclame Marie
Reine des cieux, oui, Reine des cieux.

Du Tout-Puissant, ô ministres fidèles,
Couvrez vos fronts de l'ombre de vos ailes ;
Avec respect, Anges, prosternez-vous
Devant Marie, et tombez à genoux.

Son divin Fils, de ses mains la couronne,
A ses côtés la place sur un trône.
Quelle splendeur l'entoure, l'environne !
Son front si pur, comme un soleil rayonne !
Tous célébrons, etc.

O Vierge sainte, en vous le monde espère,
Des malheureux n'êtes-vous pas la mère ?
Leur ferme espoir. S'il gémit, le pécheur
Trouve un asile au fond de votre cœur.
Contre l'enfer vous nous donnez des armes,
La voix du monde a perdu tous ses charmes,
De vos enfants vous calmez les alarmes,
Des affligés vous essuyez les larmes.
Tous célébrons, etc.

N° 29

TRIBUT DE NOTRE AMOUR SINCÈRE

Tribut de notre amour sincère,
Dans un transport des plus charmants
Offrons à notre tendre Mère
Nos vœux ainsi que notre encens.

Au pied des saints autels, ô Marie,
Tous nous venons en ce saint jour,
Et nous renouvelons pour la vie
Nos vœux et nos serments d'amour.

Aimer et bénir une mère,
Se peut-il un plaisir plus doux!
O plaisirs charmants de la terre,
Ce bonheur vous surpasse tous.
Au pied, etc.

Repoussons ces plaisirs funestes,
Ces poisons dissolvant les mœurs;
Des délassements plus modestes
Ineffables sont les douceurs.
Au pied, etc.

Heureuses les âmes fidèles
Que parent les saintes vertus;
Chaque jour, de grâces nouvelles,
Vous les ornez de plus en plus.
Au pied, etc.

Formant une douce harmonie,
Puissent nos cantiques pieux,
Pour bénir Jésus et Marie,
Un jour retentir dans les cieux.
Au pied, etc.

N· 30

SI DU TOUT-PUISSANT LA COLÈRE

Si du Tout-Puissant la colère
Allumait ses carreaux vengeurs,
Invoquons le nom de sa Mère,
Ce nom calmera ses rigueurs.

Le cœur rempli de confiance
Tous nous chantons ce nom si doux,
O Notre-Dame d'Espérance,
Protégez-nous, priez pour nous.

Ce nom, que l'univers honore,
Nous ne pouvons trop le bénir;
Le pécheur mourant qui l'implore,
Verra le ciel pour lui s'ouvrir.
Le cœur rempli, etc.

O très-saint nom dans la tempête
Le matelot devant la mort,
T'invoque, et c'est toi qu'il répète
Quand, joyeux, il revient au port.
Le cœur rempli, etc.

Votre auguste nom, ô Marie,
Est, après le nom de Jésus,
Celui qu'en la sainte patrie
Bénissent les voix des élus.
Le cœur rempli, etc.

N° 31

JÉSUS, FILS DE MARIE

Jésus fils de Marie,
Présent sur cet autel,
Divin Roi que renie
Un peuple criminel,

Craignant votre colère,
Nous tombons à genoux,
Au nom de votre Mère,
Jésus, pardonnez-nous.

Au nom de votre Mère,
En clémence changez
Votre juste colère,
Vos fléaux en bienfaits.
Craignant, etc.

Au nom de votre Mère,
Sauvez-nous de l'orgueil.
De la vertu sincère,
C'est le fatal écueil.
Craignant, etc.

Au nom de votre Mère,
A vos riches pardons
Pour consoler la terre
Joignez vos autres dons.
Craignant, etc.

Au nom de votre mère,
Qu'aucune impureté
En nos âmes n'altère
La fleur de chasteté.
Craignant, etc.

Au nom de votre Mère,
Ah! venez nous guérir
Et lavez tout ulcère
Aux pleurs du repentir
Craignant, etc.

Au nom de votre Mère,
Ah! resserrez les nœuds
Unissant sur la terre
Tous les hommes entre eux.
Craignant, etc.

Au nom de votre Mère,
Faites qu'en son prochain
Tout homme voie un frère

Et lui tende la main.
Craignant, etc.

Douce et sainte prière,
De tous les cœurs pieux,
Au nom de votre Mère,
Accordez-nous les cieux.
Craignant, etc.

N° 32

SANCTA DEI GENITRIX

Enfant porté dans les bras de ta mère,
O toi qui dois un jour pour nous souffrir.
Enfant, amour du ciel et de la terre,
Lève ta main afin de nous bénir.

Nous invoquons le saint nom de ta mère,
Nous l'invoquons afin de te fléchir.
Enfant, amour, etc.

Du Tout-Puissant détourne la colère,
Présente-lui notre humble repentir.
Enfant, amour, etc.

Agneau de Dieu, victime volontaire,
Qui sur la croix, pour nous voulut mourir.
Enfant, amour, etc.

N° 33

EN CET AUGUSTE SANCTUAIRE

En cet auguste sanctuaire
Où tout un peuple vous bénit.
L'amour confiant et sincère,
De vos enfants toujours redit :

O Notre-Dame d'espérance,
Reine auguste du paradis,
Protégez notre belle France,
Protégez sans cesse Paris.

Depuis longtemps en cette enceinte,
Les mêmes cantiques d'amour
Montent vers nous, Vierge très-sainte,
Et nous redisons chaque jour.
O Notre-Dame, etc.

Depuis longtemps, et d'âge en âge,
Le peuple revient en ces lieux,
Pour vous présenter son hommage
En redisant ce chant joyeux.
O Notre-Dame, etc.

L'enfant se plaît avec sa mère,
En ce saint temple à revenir
Et sa lèvre pure et sincère,
Dira longtemps dans l'avenir.
O Notre-Dame, etc.

Quand votre gloire encor voilée
N'était que l'aurore du jour.
La Vierge pure, immaculée
En ce saint temple avait sa cour.
O Notre-Dame, etc.

Que votre culte ici grandisse,
Étendez, Mère du Sauveur,
Toujours votre main protectrice,
Sur le troupeau, sur le pasteur.
O Notre-Dame d'espérance,
Reine auguste du paradis,
Soyez la Reine de la France,
Soyez la Reine de Paris,
L'auguste Reine de Paris.

TABLE

FIN DE LA TABLE.